DOCUMENTS JUSTIFICATIFS

de la poursuite dirigée

par M. Louis VIGNES

Sous-Préfet de l'arrondissement de Nérac

contre divers Journaux.

NOTA. — *En réunissant ainsi tous les articles du* Messager *du Sud-Ouest, et ceux de divers journaux qui, à la connaissance de M. Vignes, ont reproduit ou commenté les imputations dont l'initiative a été prise par le* Messager *du Sud-Ouest, nous n'avons eu d'autre but que de mettre sous les yeux des magistrats, qui doivent en connaître tous les éléments d'appréciation, la situation qui a été faite à M. Vignes par ces publications ; nous y avons joint une lettre qui n'a pas reçu de publicité et dont nous avons cru la production utile à cette appréciation, ainsi que le texte des assignations déjà signifiées au* Messager *du Sud-Ouest et au* Nain Jaune.*

Nous n'accompagerons ces documents d'aucun commentaire, réservant pour l'audience le soin de justifier en droit comme en fait les plaintes de M. Vignes et de répondre aux moyens de défense qui seront produits par les personnes inculpées.

CH. MARTEL, avoué. — BRETTES, avocat

N° 1.

Messager du Sud-Ouest du mardi 11 février. — N° 101.

(Lot-et-Garonne.)

M. P. Vignes, Sous-Préfet de Nérac, nous adresse la lettre suivante :

« Monsieur le Rédacteur,

« Vous avez répété à satiété que le vote de la loi militaire plongeait les populations dans une véritable consternation , parce qu'elle enlevait à l'agriculture, au commerce et à l'industrie l'élite des enfants de la France.

« Vous conviendrez aujourd'hui que les électeurs de la circonscription électorale, dans laquelle vient d'être élu M. des Rotours , ne jugent pas cette loi de la même manière que ses détracteurs.

« Quelle honte que cet échec de l'opposition pour ces trois partis dont la coalition est une monstrueuse lâcheté , et qui au jour du triomphe n'auraient rien de plus pressé que de se faire une guerre d'extermination !

« Alors, vous aurez mille fois raison de dire que cet affreux état de choses serait un grand malheur, une horrible calamité pour le pays tout entier

« Mais revenons à l'élection de M. des Rotours. Qu'en dites-vous ?

« Vous ne tarderez pas à le dire, et, comme toujours, vous aurez le talent de donner à vos lecteurs des explications satisfaisantes.

« Cependant, je trouve que, malgré votre abondance , la matière pourrait vous faire défaut , pour leur démontrer que dans cette circonscription électorale, il y ait beaucoup de communes comme celle que vous connaissez et dont vous avez parlé dans le numéro du 18 janvier dernier de votre journal.

« J'attends avec une véritable impatience votre jugement sur les 20,000 électeurs qui envoient M. des Rotours à l'Assemblée Législative.

« Recevez mes salutations empressées.

« P. V. »

Nous pourrions d'abord nous demander d'où nous vient cet honneur qu'un Sous-Préfet s'abaisse jusqu'à nous. Mais M. Vignes est un ancien républicain qui conserve sous la livrée impériale un peu de cet abandon démocratique qui convenait jadis au commissaire de Ledru-Rollin. Il ne faut donc pas s'étonner qu'il descende , comme un simple mortel et sans croire déroger, dans l'arène de la polémique. Si tous les Préfets et Sous-Préfets de l'Empire ressemblaient au Sous-Préfet de Nérac, il serait très facile de s'entendre ; on ne verrait pas tant de procès pour compte-rendu parallèle, parasite ou autre ; pour fausses nouvelles, pour excitation à la haine et au mépris du gouvernement; on s'expliquerait sans se fâcher, et le champ du journalisme ne serait pas constamment jonché de morts et de mourants.

Maintenant abordons la lettre.

L'élection de M des Rotours n'est pas une honte pour l'opposition, pas plus qu'elle n'est une gloire pour le gouvernement. Cette élection ne prouve rien en faveur de la loi militaire ; elle prouve seulement que le suffrage universel est impraticable avec la pression à outrance de l'administration ; elle prouve encore que le parti catholique, dans le nord, a discuté la cause de la liberté; cette élection sera peut-être son châtiment. Les catholiques ont eu le tort grave de mettre une question religieuse à la place d'une question politique, oubliant qu'elle ne peut fleurir que là où règne la liberté politique. Ils ont eu peur des opinions religieuses de M. Gery-Leyraud, lorqu'ils n'auraient dû redouter que la dépendance de M. des Rotours.

Quand viendront les élections, nous prêcherons des doctrines tout opposées à celles qu'ont pratiquées les catholiques du nord. Nous soutiendrons contre M. Dollfus tout candidat, catholique ou protestant, qui s'engagera à revendiquer la restitution de toutes nos libertés. Nous prions M. le Sous-Préfet de Nérac de se le tenir pour dit.

M. Vignes attend avec impatience notre jugement sur les 20,000 électeurs qui envoient M. des Rotours à l'Assemblée Législative. Qu'il veuille bien nous dire d'abord la part que, dans ce chiffre, il faut attribuer à la pression administrative, au zèle commandé des juges de paix, des gendarmes, des gardes-champêtres, des fonctionnaires de tout ordre, sans oublier Mgr l'archevêque et MM. les sous-préfets ; nous lui dirons ensuite notre façon de penser sur le reste, s'il y a un reste.

Léon RABAIN (Signé).

(4)

Lettre de M. Léon Rabain à M. le Sous-Préfet de Nérac,
reçue le 15 février 1868.

MESSAGER DU SUD-OUEST   **N° 2.**
  Journal Politique.   Agen, 14 février 1868.

Monsieur le Sous-Préfet,

J'espérais me rencontrer avec vous chez M. le Procureur-Général, quand j'y revins la seconde fois; j'aurais eu le plaisir, mais surtout le devoir, de vous exprimer le regret que me cause la méprise dans laquelle je suis tombé. En attendant que j'aille à Nérac vous porter l'expression des sentiments que m'inspire le tort que j'ai pu vous porter, je tiens à vous l'exprimer sans retard par cette lettre.

J'envoie un nombre considérable d'exemplaires contenant ma rectification à mes confrères de Paris et de la province ; enfin, je ne négligerai aucune des réparations qui sont en mon pouvoir.

Une personne de Nérac, qui était ici hier, m'a dit, au vu des lettres, qu'elle croyait reconnaître l'écriture et qu'elle allait m'aider à trouver le mystificateur. Elle ne m'a pas donné d'autres détails ; si je parviens à le découvrir, je lui promets, dans les colonnes du *Messager,* un pilori qui vaudra mieux que la correctionnelle.

Voilà, Monsieur, tout ce que je peux faire; si vous croyez qu'il y ait autre chose en mon pouvoir, sachez que je me mets entièrement à votre disposition.

Veuillez agréer, Monsieur le Sous-Préfet, avec la nouvelle et sincère expression de mes regrets, mes respectueuses salutations.

Léon RABAIN (Signé).

J'ai reçu plusieurs lettres ; les premières, signées PAUL VIGNES, les autres P. V., mais toutes de la même écriture. Malheureusement je ne les ai pas conservées ; j'espère pourtant en retrouver quelqu'une en remuant mes vieux papiers.

———————

N° 3.

Messager du Sud-Ouest du Samedi 15 février 1868. — N° 103.

Des informations précises nous ont appris que la lettre publiée dans notre numéro du 11 février et attribuée à M. le Sous-Préfet de Nérac n'est pas l'œuvre de ce fonctionnaire. La similitude des noms et le timbre de la poste qui indiquait le bureau de Nérac, nous ont induit en une erreur que nous regrettons et que nous nous faisons un devoir de conscience de réparer.

Notre commentaire contient aussi une inexactitude que la vérité et la justice nous obligent à rectifier. Nommé sous-préfet en 1849 M. Vignes n'a pas été le commissaire de Ledru-Rollin. En faisant spontanément ces rectifications, et en exprimant publiquement le regret que nous cause cette méprise , nous donnons à M. le Sous-Préfet de Nérac un témoignage de notre bonne foi et une satisfaction que les plus justes susceptibilités l'auraient autorisé à nous demander. Léon RABAIN (Signé).

N° 4.

Messager du Sud-Ouest du Mardi 18 février 1868. — N° 104.

M. le Sous-Préfet de Nérac ayant affirmé qu'il n'était pas l'auteur de la lettre que nous lui avons attribuée , nous nous sommes empressés d'insérer une rectification.

Cette rectification a donné lieu à des commentaires malveillants, nous n'en sommes ni surpris ni blessés. Nous bravons les clameurs de la gent administrative et de la coterie qui , dans nos petites villes ; se sent si fière d'être admise dans les antichambres des préfectures et sous-préfectures.

La suppression dont on nous menace provoque nos sourires ; malgré les articles restrictifs de la loi sur la presse, le *Messager* n'a rien à craindre. Organe important aujourd'hui il sera une puissance demain. J. Saint-Cyr CASSAGNE (Signé).

N° 5.

Messager du Sud-Ouest du Jeudi 20 février 1868. — N° 105.

Les Lettres de Nérac.

Nous croyons devoir revenir sur cet incident, non pour atténuer la satisfaction que nous avons donnée à M. le Sous-Préfet de Nérac, mais pour dire au public que le piège dans lequel nous sommes tombé n'était pas aussi grossier qu'on pourrait le supposer ; jusqu'au dernier moment, notre conviction a été que M. Vignes était l'auteur de ces lettres; aujourd'hui encore, il ne faut rien moins que les dénégations formelles de M. le Sous-Préfet de Nérac, pour ébranler cette conviction ; mais nous croyons à l'honneur de ce fonctionnaire, nous acceptons donc sa parole comme l'expression de la vérité, nous réservant néanmoins de nous livrer à une minutieuse enquête pour découvrir le mystificateur; et si nous parvenons à le découvrir, comme nous sommes sûr d'avance de trouver un lâche , nous lui promettons dans les colonnes du *Messager* un pilori qui vaudra mieux que la police correctionnelle. Serait-il galonné sur toutes les coutures, il faudra bien qu'il s'y laisse clouer.

Les premières lettres que nous avons reçues remontent à deux ou trois mois. D'abord elles furent signées P. Vignes ; ensuite elles ne portèrent plus que les initiales P. V., mais l'écriture a été à peu près toujours la même ; de sorte qu'il n'est pas douteux, pour nous, que toutes ces lettres sont du même auteur; elles partaient toutes de Nérac.

Dès le premier moment , nous nous sommes cru honoré des attentions de M. le Sous-Préfet; nous n'avons jamais cru cependant que ces lettres fussent destinées au journal ; et si à la fin, nous nous sommes laissé aller à en publier une, c'était moins pour chercher noise à M. Vignes que pour mettre fin à une correspondance qui ne nous paraissait pas pleine de charmes.

Ne trouvant à ces lettres aucun des caractères qui distinguent les documents précieux , et ne collectionnant pas les autographes, nous n'avions eu aucun souci de les conserver. Après les avoir parcourues rapidement nous les jetions invariablement au panier. A force de recherches, nous sommes pourtant parvenu à en retrouver une; elle remonte au 24 janvier. Nous allons en donner quelques extraits. Elle débute ainsi, en style de communiqué :

Le *Messager du Sud-Ouest*, dans son numéro du 18 janvier, dit, par l'organe de M. Léon Rabain, l'un de ses rédacteurs : « La loi militaire est votée : 200 voix contre 60 l'ont approuvée; c'est un fait accompli. Les journaux officieux assurent que ce vote fera réfléchir aussi bien au-delà des Alpes que de de l'autre côté du Rhin, mais qui ne doit alarmer personne. D'autres que nous, disent-ils (les journaux officieux), ont commencé les armements ; le gouvernement de l'Empereur ayant à maintenir le prestige de la France et sa sécurité, a dû augmenter sa force armée ; le Corps Législatif, en adoptant la loi, s'est associé à ce patriotique dessein. »

Il poursuit ainsi : « Tout cela est fort beau, mais nos populations en jugent autrement; elles sont véritablement dans la consternation, etc. »

Après avoir cité à peu près tout cet article, notre correspondant s'applique à le réfuter et termine ainsi :

« Vous prêchez la liberté et l'indépendance. Pour qui les désirez-vous ? Vous le savez, Monsieur Rabain; épargnez-nous donc la peine de vous le dire. Quel usage voudriez-vous en faire ? Vous le savez encore et nous ne l'ignorons pas.

« Les populations le savent également, et voilà pourquoi elles ne prennent pas le change quand vous leur parlez avec tant de dignité de M. Dollfus et de tant d'autres députés qu'elles auront la sagesse de réélire. »

Le nom de M. Dollfus si habilement amené, ne contribua pas peu à nous persuader qu'il y avait du sous-préfet là-dessous. Mais nous nous sommes évidemment trompé ; nous avons confessé notre erreur ; nous continuons à nous frapper la poitrine et, comme ce grand pénitent dont parle l'Écriture, à nous écrier dans le silence des nuits : Peccavi ! Cela ne nous empêche pas toutefois de poursuivre notre enquête; elle est déjà en très bonne voie ; nous n'avions, pour nous guider dans nos recherches, que quelques lignes échappées à la destruction; nous avons maintenant quatre grandes pages. Le dernier mot de cette histoire n'est donc pas encore dit; elle pourrait bien avoir des péripéties très inattendues, mais qui n'intéresseront nullement, nous en avons d'avance la certitude, M. le Sous-Préfet de Nérac.

Léon RABAIN (Signé).

N° 6.

Messager du Sud-Ouest du Samedi 22 février 1868. — N° 106.

Lot-et-Garonne.

Nous extrayons ces quelques lignes de la revue hebdomadaire de *l'Avenir National :*

Dans le village de Xaintrailles, non loin de Nérac, où réside M. le sous-préfet Vignes , qui n'écrit pas de lettres aux journaux et qui a, ma foi ! bien raison, un honnête citoyen s'asseyait cette semaine devant la porte d'un café. Il espérait..... etc.

N° 7.

Le Temps du Jeudi 13 février 1868. — N° 2468.

M. le Sous-Préfet de Nérac a fait l'honneur d'écrire au rédacteur en chef du *Messager du Sud-Ouest* une lettre où il l'invite, de façon assez narquoise, à dire ce qu'il pense de la récente élection du Nord : « J'attends avec une véritable impatience votre jugement sur les 20,000 électeurs qui envoient M. des Rotours à l'Assemblée Législative. »

Nous savions que Nérac avait des terrines succulentes ; nous saurons maintenant qu'il a un sous-préfet goguenard. Heureux Nérac !

Mais vous n'imagineriez jamais ce que le *Messager du Sud-Ouest* a eu l'impertinence de répondre à M. le Sous-Préfet. Ceci, entr'autres incongruités :

« M. Vignes attend avec impatience notre jugement sur les 20,000 électeurs qui envoient M. des Rotours à l'Assemblée Législative. Qu'il veuille bien nous dire d'abord la part que, dans ce chiffre, il faut attribuer à la pression administrative, au zèle commandé des juges de paix, des gendarmes, des gardes-champêtres, des fonctionnaires de tout ordre, sans oublier Mgr l'archevêque et MM. les Sous-Préfets : nous lui dirons ensuite notre façon de penser sur le reste, s'il y a un reste. »

Croyez moi, Monsieur le Sous-Préfet, ne descendez plus, par trop de bienveillance, à plaisanter avec ces journalistes de l'opposition ; ce sont des gens grossiers, des manants, des butors : on leur fait une petite agaceries, ils répondent par un coup de poing. N'exposez plus à leurs brutales atteintes la dignité de l'administration et de votre habit brodé.

N° 8.

Le Nain Jaune du Vendredi 14 février 1868. — N° 463.

Terrine politique de Nérac.

A 26 kilomètres d'Agen, la capitale des pruneaux, assise sur les deux rives d'une brave petite rivière , gît une cité très ancienne qui , jusqu'à ce jour, vivait en paix, satisfaite d'elle-même, de son histoire et de sa gloire, que ses délicieuses terrines chantent sur les tables de tous les gourmets. Jusqu'à ce jour cette renommée avait suffi à son ambition. Hélas ! son premier magistrat actuel en a jugé autrement : *Habent sua fata... terrinœ !* L'honorable sous-préfet de Nérac, car c'est de cette petite ville qu'il s'agit, en a décidé autrement. Quimper-Corentin , Brives-la-Gaillarde , Carpentras ! Sainte trilogie, doux pays de cocagne, oasis charmantes où l'esprit des Jocrisses et des Calinos s'épanouissait à l'aise ! Cités trois fois ceintes d'une écharpe d'innocence, couvrez-vous de cendres et de deuil ! Nérac absorbe désormais votre gloire, et par la plume victorieuse de son sous-préfet, vous découronne à tout jamais.

Oyez plutôt , et vous aussi, lecteurs du *Nain Jaune*. La lettre incroyable que nous allons faire passer sous vos yeux est empruntée au *Messager du Sud-Ouest*, lequel la tient lui-même du Sous-préfet de Nérac :

« Monsieur le Rédacteur,

« Vous avez répété à satiété que le vote de la loi militaire plongeait les po-pulations dans une véritable consternation , parce qu'elle enlevait à l'agricul-ture, au commerce et à l'industrie l'élite des enfants de la France.

« Vous conviendrez aujourd'hui que les électeurs de la circonscription élec-torale, dans laquelle vient d'être élu M. des Rotours , ne jugent pas cette loi de la même manière que ses détracteurs.

« Quelle honte que cet échec de l'opposition pour ces trois partis dont la coalition est une monstrueuse lâcheté, et qui au jour du triomphe n'auraient rien de plus pressé que de se faire une guerre d'extermination !

« Alors, vous auriez mille fois raison de dire que cet affreux état de choses serait un grand malheur, une horrible calamité pour le pays tout entier·

« Mais revenons à l'élection de M. des Rotours. Qu'en dites-vous?

« Vous ne tarderez pas à le dire; et, comme toujours, vous aurez le talent de donner à vos lecteurs des explications satisfaisantes.

« Cependant, je trouve que, malgré votre abondance, la matière pourrait vous faire défaut , pour leur démontrer que dans cette circonscription électo-rale, il y ait beaucoup de communes comme celle que vous connaissez et dont vous avez parlé dans le numéro du 18 janvier dernier de votre journal.

« J'attends avec une véritable impatience votre jugement sur les 20,000 électeurs qui envoient M. des Rotours à l'Assemblée Législative.

« Recevez mes salutations empressées.

« P. VIGNES (Signé). »

Admirable ! admirable ! M. le sous-préfet ! Qu'on le décore ! Impossible, car en ouvrant le dictionnaire des 25,000 adresses à la section du Lot-et-Garonne on y voit le nom de M. le sous-préfet de Nérac , suivi du signe étoilé indiquant que la croix des braves brille sur son habit brodé d'argent ! Qu'on le fasse officier, au plus vite ! M. Vignes ne doit pas attendre plus longtemps de figurer dans la légion des rosettes.

« Faites-moi de la bonne politique et je vous ferai, moi , de bonnes finances, » disait le célèbre ministre baron Louis. Trouvez-nous de bons préfets et nous ferons de l'excellente politique intérieure, ne cessent de répéter les hommes les plus considérables de l'Empire. Et ils ont mille fois raison.

Quel éminent administrateur, quel habile ami de l'Empire que le charmant signataire de cette lettre ! Qu'en pensez-vous, M. Rouher ? et vous , M. le Ministre de l'intérieur ? Découvrez 89 administrateurs de cette qualité , placez-les à la tête de nos départements, et si, avant dix ans de date, la France n'est pas le modèle des pays administrés, le *Nain Jaune* s'engage à ne paraître que chez Pluton.

Si la philippique de M. le sous-préfet de Nérac n'est que bouffonne et ne mérite pas d'être relevée sérieusement par nous, en revanche , nous ne saurions la laisser s'acheminer vers le gouffre des oublis, sans envoyer deux mots à l'adresse de son auteur. Il est bon, en effet, que l'on sache, non pas à Nérac, mais en France , que M. Vignes , sous-préfet de la localité sus-nommée, était en 1848 le plus affreux démagogue que la planète ait engendré. Jamais tribun de province ne tonna d'une façon plus farouche que le doux sous-préfet actuel de Nérac. Alors il était jeune, il avait des illusions, des ambitions généreuses, et, poussé par la tourmente, il allait, il allait, porté sur les ailes de la liberté, sachant bien qu'elle le déposerait à bon port, et que là où elle brise-

rait son gouvernail il aborderait lui, sain et sauf, disposé à subir d'autres destinées. Ce naufrage a touché terre à Nérac, mais il a amené prudemment son
pavillon. O liberté ! voilà bien de tes coups !

Un autre caressait le menton de Simonne.
Que j'en ai vu de ces gens-là !

CHARLES CEYRAS.

N° 9.

Le Nain Jaune du Mardi 25 février 1868. — N° 466.

ON DEMANDE L'AUTEUR. — **La Lettre de M. Vignes.**

L'incident de la pseudo-lettre de M. le Sous-Préfet de Nérac continue à oc-
cuper les imaginations méridionales.

Décidément cette fameuse lettre n'émane pas des bureaux de la sous-pré-
fecture, puisqu'ainsi l'a déclaré M. le Sous-Préfet. Mais qui donc l'a écrite,
non seulement celle-la , mais quantité d'autres de même nature que recevait
depuis trois ans le *Messager du Sud-Ouest* et qu'il jetait au panier, les croyant
naïvement de source officielle ? Le *Messager* annonce qu'il se livre à une enquête et qu'il espère arriver à un résultat satisfaisant.

En attendant, les conjectures se multiplient. On se demande comment une
lettre si sotte, — nous pouvons ainsi la caractériser, puisque M. le Sous-Préfet
déclare qu'il ne l'a pas écrite, — a pu être attribuée à un fonctionnaire que
tout le monde devait savoir incapable d'une pareille sottise. Ah ! si la lettre
eut été spirituelle , on comprend que chacun eut reconnu la main du Sous-
Préfet, mais la lettre est d'une bêtise au-delà de l'ordinaire, et lorsque les journaux la publient comme émanant du Sous-Préfet, le public s'y laisse prendre,
les administrés ne disent mot et trouvent cela tout naturel. Il faut que M. le

Sous-Préfet proteste le premier et dise aux gens : vous avez cru me reconnaî-tre, eh bien ! pas du tout, ce n'est pas moi ; cela vous étonne, mais ce n'est pas moi.

Quelle singulière idée les Gascons se font-ils donc de leurs sous-préfets.

Supposons que les journaux publient une lettre attribuée à M. Haussmann, et à peu près ainsi conçue : « Les Parisiens sont des nomades, il est inutile de les consulter sur leurs affaires ; pourvu qu'ils payent, il doivent se tenir pour satisfaits. Je sais mieux qu'eux ce qui leur convient. » Tout le monde, à l'instant, reconnaîtrait la fourbe, et chacun s'écrierait : « Notre préfet peut penser de telles choses, mais les écrire, jamais. Il est trop homme d'esprit pour cela.» Mais à Nérac on en juge tout autrement. Une balourdise s'imprime, et la voix populaire, — *vox Dei*, — s'écrie : c'est M. le Sous Préfet qui l'a dite. O injustice des jugements humains !

Après tout, l'erreur était permise; nous avons vu tant et tant de singulières épîtres administratives, et la fausse missive de M. le Sous-Préfet de Nérac valait bien la fameuse et vraie missive de M. le Sous-Préfet de Jonzac (Charente-Inférieure) qui fit quelque bruit dans son temps.

Cette affaire de Nérac est curieuse à plus d'un point. Quel est donc cet habile faussaire qui sait assez son sous-préfet sur le bout du doigt pour emprunter si bien ses allures et tromper toute une population? Par quel art parvient-on à imiter ainsi le style administratif, et pour connaître tous les détours du sérail, ne faut-il pas y avoir été quelque peu nourri ?

Espérons que l'enquête du *Messager du Sud-Ouest* nous fournira quelques lumière là-dessus.

A. DÉSONNAZ (Signé).

N° 10.

L'Union du Jeudi 13 Février 1868. — N° 44.

M. le Sous-Préfet de Nérac (Lot-et-Garonne) n'envoie pas de communiqué aux journaux de la localité, mais il écrit des lettres, et soutient, à l'occasion, une polémique comme le plus simple mortel. Voici un échantillon de la prose de M. Vignes, sous-Préfet de Nérac, c'est une lettre adressée au *Messager du Sud-Ouest :*

« Monsieur le Rédacteur,

« Vous avez répété à satiété que le vote de la loi militaire plongeait les populations dans une véritable consternation, parce qu'elle enlevait à l'agriculture, au commerce et à l'industrie l'élite des enfants de la France.

« Vous conviendrez aujourd'hui que les électeurs de la circonscription électorale, dans laquelle vient d'être élu M. des Rotours, ne jugent pas cette loi de la même manière que ses détracteurs.

« Quelle honte que cet échec de l'opposition pour ces trois partis dont la coalition est une monstrueuse lâcheté, et qui au jour du triomphe n'auraient rien de plus pressé que de se faire une guerre d'extermination !

« Alors, vous auriez mille fois raison de dire que cet affreux état de choses serait un grand malheur, une horrible calamité pour le pays tout entier

« Mais revenons à l'élection de M. des Rotours. Qu'en dites-vous ?

« Vous ne tarderez pas à le dire, et, comme toujours, vous aurez le talent de donner à vos lecteurs des explications satisfaisantes.

« Cependant, je trouve que, malgré votre abondance, la matière pourrait vous faire défaut, pour leur démontrer que dans cette circonscription électorale, il y ait beaucoup de communes comme celle que vous connaissez et dont vous avez parlé dans le numéro du 18 janvier dernier de votre journal.

« J'attends avec une véritable impatience votre jugement sur les 20,000 électeurs qui envoient M. des Rotours à l'Assemblée Législative.

« Recevez mes salutations empressées.

« P. V. (Signé). »

Le *Messager du Sud-Ouest* fait suivre cette lettre de la curieuse observation que voici :

M. Vignes est un ancien républicain qui conserve sous la livrée impériale un peu de cet abandon démocratique qui convenait jadis au commissaire de Ledru-Rollin. Il ne faut donc pas s'étonner qu'il descende, comme un simple mortel et sans croire déroger, dans l'arène de la polémique. Si tous les Préfets et Sous-Préfets de l'Empire ressemblaient au Sous-Préfet de Nérac, il

serait très facile de s'entendre ; on ne verrait pas tant de procès pour compte-
rendu parallèle , parasite ou autre ; pour fausses nouvelles, pour excitation à
la haine et au mépris du gouvernement ; on s'expliquerait sans se fâcher , et
le champ du journaliste ne serait pas constamment jonché de morts et de
mourants.

Léon RABAIN (Signé).

N° 11.

L'Avenir National du Vendredi 14 Février 1868. — N° 1127.

Le Trésor épistolaire français , si riche déjà , vient de s'enrichir d'un vrai joyau : une lettre adressée au *Messager du Sud-Ouest* par M. P. Vignes, sous-préfet de Nérac. Il ne s'agit point là d'une de ces correspondances adminis-tratives que recommande à la vénération l'estampille du communiqué ; non, c'est une effusion, désagréable , mais remplie d'abandon et de dégagé. M. le Sous-Préfet de Nérac fait part au *Messager* de ses impressions sur les mérites de la loi militaire, impressions fortifiées par l'élection de M. des Rotours.

« Quelle honte que cet échec de l'opposition , pour ces trois partis dont la coalition est une monstrueuse lâcheté, et qui, au jour du triomphe, n'auraient rien de plus pressé que de se faire une guerre d'extermination !...

« Revenons à l'élection de M. des Rotours. Qu'en dites-vous ?

« Vous ne tarderez pas à le dire, et, comme toujours , vous aurez le talent de donner à vos lecteurs des explications satisfaisantes. »

La franchise postale existe-t-elle pour ce genre de communications ? Le point est secondaire ; ce qui est bon à relever , c'est l'assertion absolument inexacte de M. le Sous-Préfet : s'il y a eu coalition , nous ne cesserons de le dire, ç'a été entre l'archevêché de Cambrai et la préfecture de Lille.

D'ORNANT (Signé).

N° 12.

L'Avenir National du Dimache 16 févier 1868. — N° 1129.

L'Étendard annonce que la lettre de M. Vignes, sous-préfet de Nérac, publié par le *Messager du Sud-Ouest*, est apocryphe : M. Vignes aurait déféré aux tribunaux et la lettre et l'article du *Messager*. Nous avons sous les yeux le *Messager* du 13 : il ne fait aucune mention de ce dernier incident. *L'Étendard* a, dit-il, « peine à comprendre » comment plusieurs journaux ont pu accueillir « un semblable document. » La lettre adressée par M. le Sous-Préfet de Nérac n'était pas plus étonnante que celles de M. le Sous-Préfet de Jonzac, par exemple, lors des dernières élections au conseil général de la Charente-inférieure. Voilà l'explication de l'erreur où sont tombés si facilement et *L'Avenir* et bien d'autres journaux.

D'ORNANT (Signé).

N° 13.

Courrier Français du 15 Février 1868. — N° 46.

Le *Messager du Sud-Ouest* publie une curieuse lettre que lui adresse M. P. Vignes, sous-préfet de Nérac.

M. Vignes interpelle notre confrère d'Agen, avec la même sincérité de langage qu'un orateur du Gouvernement interpellant un représentant de l'opposition du haut de la tribune du Corps Législatif.

Qu'on en juge :

Monsieur le Rédacteur,

Vous avez répété à satiété que le vote de la loi militaire plongeait les populations dans une véritable consternation, parce qu'elle enlevait à l'agriculture, au commerce et à l'industrie l'élite des enfants de la France.

Vous conviendrez aujourd'hui que les électeurs de la circonscription électorale, dans laquelle vient d'être élu M. des Rotours, ne jugent pas cette loi de la même manière que ses détracteurs.

Quelle honte que cet échec de l'opposition, pour ces trois partis dont la coalition est une monstrueuse lâcheté, et qui, au jour du triomphe, n'auraient rien de plus pressé que de se faire une guerre d'extermination.

Alors, vous auriez mille fois raison de dire que cet affreux état de choses serait un grand malheur, une horrible calamité pour le pays tout entier.

Pour que la similitude soit complète , le rédacteur du *Sud-Ouest* réplique, comme pourrait répliquer M. Jules Favre à M. Baroche ou à M. Rouher, en disant que M. Vignes est un ancien républicain qui conserve sous « la livrée « impériale un peu de cet abandon démocratique qui convenait jadis au com- « missaire de Ledru-Rollin. »

N° 14.

Le Charivari du Dimanche 16 février 1868.

Un nouveau Candidat.

On ne se presse pas beaucoup de remplacer au *Constitutionnel* M. Paulin Limayrac.

Serait-ce que les journaux officieux n'ont pas besoin d'être conduits et qu'ils vont tout seuls et tout droit leur chemin habituel comme les vieux chevaux de patache ?

Nous savons bien qu'on ne nommera pas celui-ci et celui-là et que le *Journal des Débats* n'aura pas la bonne fortune de perdre M. de Sacy, l'austère janséniste de Compiègne.... Nous connaissons aussi l'histoire de M. Ernest Merson, spontanément nommé à la succession vacante et qui a redemandé sa parole, sous prétexte que l'article 1er de la loi sur la presse nous faisant re- tomber dans la pure anarchie des plus mauvais jours, il ne convenait pas à un homme d'ordre tel que lui de se commettre dans une administration de bou- singots.

D'ailleurs, M. Ernest Merson , un des trois dormeurs éveillés qui ont rêvé être les représentants de la presse départementale , a pour lui « ce privilège des âmes indépendantes et vraiment hautes que, tout en se donnant, elles ne cessent jamais de s'appartenir, » comme dit en un violent patois *l'Union Bre- tonne,* son journal.

Se donner et ne pas cesser de s'appartenir ! Nous n'ignorons pas cette théorie et nous ne dirons pas où l'on en fait le plus souvent l'application...

Qui donc dirigera le *Constitutionnel ?* Nous sera-t-il permis de poser, puis- qu'il en est temps encore, sa candidature nouvelle, et d'écrire d'une plume aussi sincère que celle de M. Paulin Limayrac le nom de M. P. Vignes, sous-préfet de Nérac.

Ce n'est point le zèle qui manquera à cet honorable administrateur, et il a d'un coup fait preuve d'un talent hors ligne de polémiste dans la lettre qu'il vient d'adresser au *Messager du Sud-Ouest*.

Et voyez comme ce sous-préfet est ingénieux ! M. le préfet du Nord s'était contenté de faire payer aux contribuables de belles affiches pour combattre la candidature libérale; mais enfin les passants lisaient ou ne lisaient pas ces affiches. M. P. Vignes a trouvé mieux. Il publie ses factums dans le journal opposant ; il écrase de son éloquence le rédacteur de la feuille indépendante et le contraint d'expédier à ses abonnés ses arguments vainqueurs et ses sanglantes ironies.

Citons :

« Monsieur le rédacteur, — Vous avez répété à satiété que le vote de la loi militaire plongeait les populations dans une véritable consternation, parce qu'elle enlevait à l'agriculture, au commerce et à l'industrie, l'élite des enfants de la France. Vous conviendrez aujourd'hui que les électeurs de la circonscription électorale dans laquelle vient d'être élu M. des Rotours ne jugent pas cette loi de la même manière que ses détracteurs.

« Qu'en dites-vous ?... Quelle honte que cet échec de l'opposition pour ces trois partis dont la coalition est une monstrueuse lâcheté... »

Le reste est à l'avenant. N'est-il pas vrai que ce langage conviendrait mieux à un rédacteur du *Constitutionnel* qu'à un sous-préfet ? Tout y est, la violence, et aussi la maladresse à laquelle on reconnaît les articles officieux.

Ce n'est point en effet à l'occasion de l'élection du Nord qu'il est adroit de parler de ces coalitions qui sont de monstrueuses lâchetés, pour emprunter la langue excessive du juvénal de Nérac. On sait assez que M. Géry-Legrand n'a eu pour lui que les libéraux et que le parti clérical et le parti préfectoral ont travaillé de concert pour faire passer le couteau à papier des mains de M. des Rotours Ier à celles de M. des Rotours II.

Vous voyez bien que M. P. Vignes est digne de remplacer M. Paulin Limayrac qu'on va nommer conseiller, vu sa sincérité proverbiale.

Dignus est intrare !

Vous pensez, M. le Sous-Préfet, que la France entière est dans l'ivresse et dévouée sans exception , mais vous affirmez en même temps que les anciens partis, plus nombreux que jamais, relèvent la tête.

Dignus est intrare !

Vous pensez sans doute encore, M. le Sous-Préfet , que le meilleur moyen d'avoir la paix est d'enrégimenter la nation et que la voie la plus directe pour assurer la prospérité est l'emprunt.

Dignus est intrare !

Vous pensez aussi , M. le Sous-Préfet , que les principes de 89 ont trouvé leur application sur le champ de bataille de Mentana.

Dignus est intrare !

Enfin, vous êtes persuadé que tous les gens qui n'approuvent pas le gouvernement sans réserves sont de simples malfaiteurs.

Dignus est intrare !

Henry FOUQUIER (Signé).

N° 15.
Citation au Messager du Sud-Ouest.

Le cinq mars 1868, à la requête de M. Louis Vignes , sous-préfet de l'arrondissement de Nérac, demeurant et domicilié à Nérac, lequel constitue pour son avoué près le tribunal correctionnel de Nérac, Mᵉ Charles Martel , y demeurant, rue Bourbonnette, en l'étude duquel il fait élection de domicile ;

Nous, Marcelin Cabirol, huissier audiencier près la Cour impériale d'Agen, y demeurant,

Donnons assignation :

Au sieur Léon Rabain, journaliste, demeurant à Agen, pris à la fois comme gérant du *Messager du Sud-Ouest* et comme auteur et signataire de l'article ci-après incriminé,

A comparaître le vendredi vingt mars courant , à onze heures du matin, à l'audience et pardevant MM. les Président et juges composant le Tribunal de première instance de Nérac , siégeant correctionnellement, séant à Nérac, au palais de justice, pour y voir prendre par le requérant et par le Tribunal adjuger les conclusions suivantes :

Attendu que dans son n° 101, du mardi onze février dernier, le journal le *Messager du Sud-Ouest* a publié sous la double signature dudit sieur Rabain, comme gérant et comme auteur, un article dans lequel une lettre signée des initiales P. V. a été mensongèrement attribuée à M. Vignes, sous-préfet de Nérac, et accompagnée d'un commentaire injurieux et diffamatoire, aussi bien au point de vue de son caractère privé que de sa situation comme fonctionnaire.

Attendu que par le fait seul de la publication de cette lettre mensongèrement attribuée à M. Vignes, ledit sieur Rabain, en sa double qualité, s'est rendu coupable du délit prévu et puni par l'art. 18 du décret-loi du 17 février 1852.

Attendu qu'en établissant dans les réflexions qui suivent la lettre, un contraste entre les antécédents politiques faussement attribués à M. Vignes et à sa situation actuelle, en le qualifiant faussement d'ancien commissaire de Ledru-Rollin actuellement revêtu de la *livrée impériale*, ledit sieur Rabain a manifestement voulu porter et a effectivement porté atteinte à l'honorabilité du caractère du requérant et à la considération qui lui est due, et que lesdites réflexions, soit dans leur ensemble, soit dans le passage ci-dessus relevé, constituent le délit de diffamation prévu et puni par l'art. 18 de la loi du 17 mai 1819, et aussi le délit d'outrage à un fonctionnaire public à raison de ses fonctions ou de sa qualité, prévu et puni par l'art. 6 de la loi du 25 mars 1822.

Attendu, d'ailleurs, que le journal le *Messager du Sud-Ouest* a été distribué dans la ville et dans l'arrondissement de Nérac et y a ainsi reçu une publicité suffisante pour la perpétration de ses deux délits.

Par ces motifs et autres à suppléer et à déduire il plaira au Tribunal déclarer le sieur Rabain, en sa double qualité de gérant du *Messager du Sud-Ouest* et d'auteur de l'article incriminé, coupable d'avoir, dans le n° 101 dudit journal, mensongèrement imputé à M. Vignes un écrit qui n'était pas émané de lui, fait qui constitue le délit prévu et puni par l'art. 15 du décret du 17 février 1852, et de l'avoir, dans le même numéro du même journal et avec la même publicité, à la fois diffamé dans son caractère privé et outragé comme fonctionnaire et à raison de sa qualité, faits qui constituent le délit prévu et puni par l'art. 18 de la loi du 17 mai 1819, et par l'art. 6 de la loi du 25 mars 1822.

Et pour réparation civile de ces délits, condamner le sieur Rabain, tant en son nom personnel que comme gérant du journal, à payer au requérant, à titre de dommages-intérêts, la somme de dix mille francs, et dire que le jugement à intervenir sera inséré *in extenso*, aux frais du sieur Rabain, en sa double qualité, d'abord dans son propre journal, et puis dans le *Journal de Lot-et-Garonne*, dans les journaux d'arrondissement du département de Lot-et-Garonne, et dans tous les journaux de Paris qui ont reproduit en entier ou par simple extrait l'article du *Messager du Sud-Ouest*, et le condamner aux dépens.

Sauf à M. le Procureur Impérial à prendre pour l'application des peines telles conclusions qu'il avisera.

Dont acte, sous toutes réserves.

Fait et donné à M. Rabain, dans ses bureaux, copie du présent acte, parlant à M. Bessaignet, son employé.

Coût : cinq francs cinquante centimes.

M. CABIROL, huissier (Signé).

Enregistré à Agen le 6 mars 1868, folio 47, recto, case 6 ; reçu un franc décime quinze centimes.　　　　　　　　　(Signature illisible).

Nº 16.

Citation au Nain Jaune.

Le quatre mars mil huit cent soixante-huit, à la requête du sieur Louis Vignes, sous-préfet de l'arrondissement de Nérac, demeurant à Nérac, lequel constitue pour son avoué près le tribunal correctionnel de Nérac, Mᵉ Charles Martel, demeurant à Nérac, rue Bourbonnette, en l'étude duquel il fait élection de domicile ;

Nous, Victor Plessix, huissier près le tribunal civil de la Seine, demeurant à Paris, rue Notre-Dame-des-Victoires, nº 40, soussigné,

Donnons assignation :

Au sieur Charles Ceyras, journaliste, demeurant à Paris, boulevard des Italiens, 9, ci-devant, et de fait rue Coq-Héron nº 5, actuellement faubourg

Montmartre, n° 10, pris à la fois comme directeur-gérant du journal *le Nain Jaune* et comme auteur et signataire de l'article incriminé,

A comparaître le vendredi trois avril prochain, à onze heures du matin, à l'audience et pardevant Messieurs les président et juges composant le Tribunal de première instance de Nérac, siégeant correctionnellement, séant à Nérac, au palais de justice, pour :

Attendu que dans son numéro 463 du vendredi 14 février 1868, le journal *le Nain Jaune* a publié, sous la double signature dudit sieur Ceyras, comme gérant et comme auteur, un article dans lequel une lettre signée P. Vignes a été mensongèrement attribuée à M. Vignes, sous-préfet de Nérac, précédée et accompagnée de réflexions et commentaires injurieux et diffamatoires aussi bien au point de vue de son caractère privé que de sa situation comme fonctionnaire.

Attendu que par le fait seul de la publication de cette lettre, mensongèrement attribuée à M. Vignes, ledit sieur Ceyras, en sa double qualité, s'est rendu coupable du délit prévu et puni par l'art. 15 du décret-loi du 17 février 1852.

Attendu qu'en s'attachant par les réflexions qui précèdent ou suivent la lettre, à déverser le ridicule sur la personne de M. Vignes, en affirmant dans le dernier paragraphe de l'article que M. Vignes était en 1848 *le plus affreux démagogue que la planète ait engendré; que jamais tribun de province ne tonna d'une façon plus farouche; qu'il allait porté sur les ailes de la liberté, sachant bien que là où elle briserait son gouvernail il aborderait sain et sauf, disposé à subir d'autres destinées;* en ajoutant : *ce naufragé a touché terre à Nérac, mais il a prudemment amené son pavillon;* et en terminant enfin par cette citation : *un autre caressait le menton de Simonne, que j'en ai vu de ces gens-là!* ledit Ceyras a manifestement voulu porter et a effectivement porté atteinte à l'honorabilité du requérant et à la considération qui lui est due, en lui attribuant une conduite politique qu'il n'a jamais eue, et dont la bonne foi, d'après l'article incriminé, aurait toujours été absente.

Attendu que ces réflexions, soit dans leur ensemble, soit dans les passages ci-dessus relevés, constituent le délit de diffamation prévu et puni par l'art. 18 de la loi du 17 mai 1819, et aussi le délit d'outrage à un fonctionnaire public, à raison de ses fonctions ou de sa qualité, prévu et puni par l'art. 6

de la loi du 25 mars 1822.

Attendu d'ailleurs que le journal *le Nain Jaune* a été distribué dans la ville et arrondissement de Nérac, et que le numéro contenant l'article incriminé y a même reçu une publicité exceptionnelle.

Par ces motifs et autres à suppléer et à déduire, il plaira au Tribunal :

Déclarer le sieur Ceyras, en sa double qualité de gérant du journal *le Nain Jaune* et d'auteur de l'article incriminé, coupable d'avoir, dans le n° 463 du dit journal, mensongèrement imputé à M. Vignes un écrit qui n'était pas émané de lui, fait qui constitue le délit prévu et puni par l'art. 15 du décret du 17 février 1852; et de l'avoir dans le même numéro du journal et avec la même publicité, à la fois diffamé dans son caractère privé et outragé comme fonctionnaire et à raison de sa qualité, faits qui constituent les délits prévus et punis par l'art. 18 de la loi du 17 mai 1819 et par l'art. 6 de la loi du 25 mars 1822.

Et pour réparation civile de ces délits, condamner le sieur Ceyras, tant en son nom personnel que comme gérant du journal *le Nain Jaune*, à payer au requérant, à titre de dommages-intérêts, une somme de dix mille francs; dire et ordonner que le jugement à intervenir sera inséré *in extenso* aux frais dudit sieur Ceyras, en sa double qualité, d'abord dans son propre journal, et puis dans le *Journal de Lot-et-Garonne*, dans le *Messager du Sud-Ouest*, dans les journaux d'arrondissement du département de Lot-et-Garonne, et dans les journaux de Paris qui ont reproduit en entier ou par simple extrait l'article du *Messager du Sud-Ouest* ; et le condamner aux dépens.

Sauf à M. le Procureur Impérial à prendre pour l'application des peines telles conclusions qu'il avisera.

Dont acte, sous toutes réserves.

Fait et laissé copie du présent exploit audit sieur Ceyras, audit domicile, parlant au concierge de la maison ainsi dit. — Coût : 2 fr. 90 c.

Victor PLESSIX (Signé).

Nérac. — Imprimerie L. DUREY.